Contents

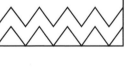
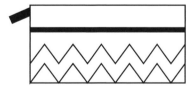
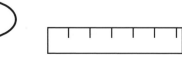

I mesi (Months)

gennaio
(January)

febbraio

marzo

aprile

maggio

giugno

luglio

agosto

settembre

ottobre

novembre

dicembre

Che mese è? (What month is it?)

Scrivi il mese in italiano: (Write the month in Italian:)

a)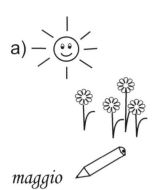

maggio

b)

_____

_____

dicembre

ottobre

agosto

c)

d)

_____

novembre

settembre

_____

f)

febbraio

maggio

e)

g)

_____

_____

_____

2

Quanti anni hai? (How old are you?)

Ho _____ anni ...... I am _____ years old

Scrivi quanti anni hanno le persone: (Write how old the people are:)

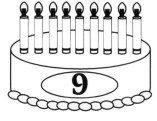

a)

Ho nove anni

_____

b)

_____

c)

_____

d)

_____

e)

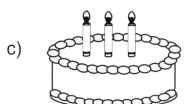

_____

f)

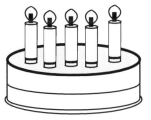

_____

2	=	due
3	=	tre
4	=	quattro
5	=	cinque
6	=	sei
7	=	sette
8	=	otto
9	=	nove
10	=	dieci
11	=	undici
12	=	dodici

For one year Italians say un anno.

Come ti chiami? (What is your name?)

> Ciao! .... Hi
> Mi chiamo .... My name is
> Ho _____ anni .... I am _____ years old
>
> 7 = sette   8 = otto   9 = nove   11 = undici

Ciao!
Mi chiamo Marco.
Ho sette anni.

Ciao!
Mi chiamo Antonio.
Ho otto anni.

Ciao!
Mi chiamo Elena.
Ho nove anni.

Ciao!
Mi chiamo Anna.
Ho undici anni.

Rispondi alle domande: (Answer the questions:)

Anna

1) Who is 11 years old? _____

2) Who is 8 years old? _____

3) Who is 7 years old? _____

4) Who is 9 years old? _____

Quando è il tuo compleanno?

(When is your birthday?)

Leggi le lettere e rispondi alle domande:

(Read the letters and answers the questions:)

Ciao!
Quando è il tuo compleanno?
Il mio compleanno è a dicembre.
Ciao!
>Marco

Ciao!
Come stai? Sto bene.
Il mio compleanno è
ad agosto.
Ciao!
>Elena

Ciao!
Quanti anni hai?
Ho nove anni.
Il mio compleanno è
a gennaio.
Ciao!
>Maria

Elena

1) Who asks "How are you?" _____

2) Whose birthday is in December? _____

3) Whose birthday is in January? _____

4) What question does Marco ask? _____

5) Who is nine years old? _____

5

I mesi (Months)

Trova i dodici mesi:
(Find the 12 months:)

```
D G E N N A I O E W X O P L M
E W S E T T E M B R E T Y T R
U O L M K B V F G D R T C X Z
Q G W A F G R T O I A O P N L
W I C G V G H I J O P B K O M
A U Z G T Y L B Z N R R M V K
F G B I H G K R L U I E B E C
M N J O U Y A G F N L C X M D
Q O C L Z M S W E B E M J B K
F H F E B B R A I O M K O R P
X D E A W V A G O S T O B E L
S D V D I C E M B R E U I L K
```

GENNAIO	MAGGIO	SETTEMBRE
FEBBRAIO	GIUGNO	OTTOBRE
MARZO	LUGLIO	NOVEMBRE
APRILE	AGOSTO	DICEMBRE

Le descrizioni

gli occhi

i capelli

il naso

la bocca

l'orecchio

Ho = I have

Ha = He or she has

Un alieno (An alien)

Scrivi le parole in italiano: (Write the words in Italian:)

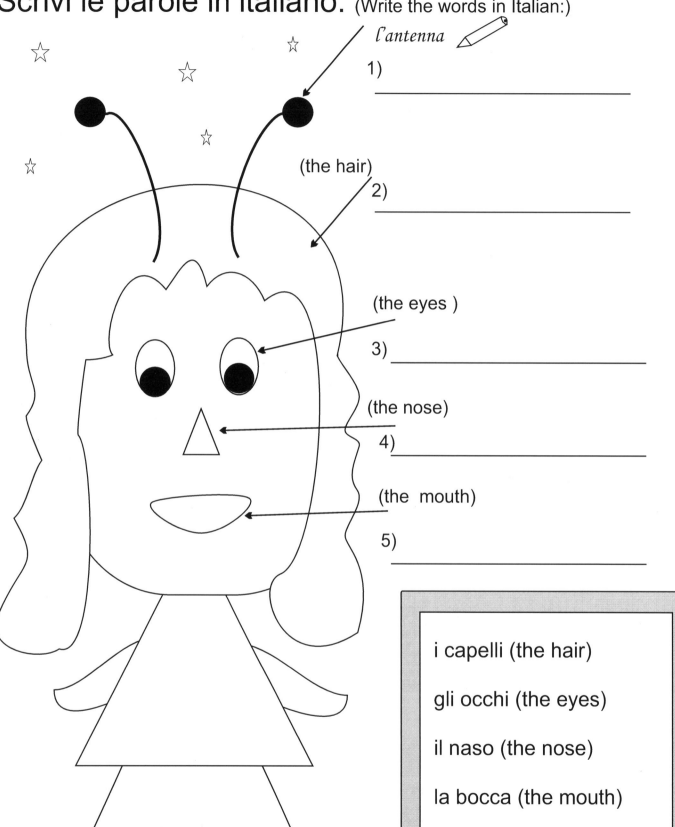

l'antenna

1) _____

(the hair)

2) _____

(the eyes)

3) _____

(the nose)

4) _____

(the mouth)

5) _____

i capelli (the hair)

gli occhi (the eyes)

il naso (the nose)

la bocca (the mouth)

l'antenna (the antenna)

8

I capelli (The hair)

Ho i capelli (My hair is)	biondi	(blonde)
	castani	(brown)
	neri	(black)
	rossi	(red/auburn)
	grigi	(grey)
	bianchi	(white)

Colora i disegni usando i colori corretti:
(Colour the pictures using the correct colours:)

9

Hai i capelli lunghi? (Do you have long hair?)

Ho i capelli corti

Ho i capelli abbastanza lunghi

Ho i capelli lunghi

Scrivi in italiano cosa dicono queste persone:

Write in Italian what these people are saying:

Ho i capelli abbastanza lunghi.

1) _____ .

2)  _____ .

3) _____ .

4)  _____ .

5) _____ .

Hai gli occhi azzurri? (Do you have blue eyes?)

Ho gli occhi
(My eyes are)

azzurri (blue)
castani (brown)
verdi (green)
grigi (grey)

Copia le parole in italiano e colora i desegni usando i colori corretti:

(Copy the Italian words and colour in the pictures using the correct colours:)

Ho gli occhi azzurri.

Ho gli occhi azzurri.

_____

Ho gli occhi castani.

_____

Ho gli occhi verdi.

_____

Ho gli occhi grigi.

_____

Cerchiamo queste persone!

(We are looking for these people!)

Ha = he or she has

Leggi le descrizioni e disegna le persone.

(Read the descriptions, and draw the people:)

1)

Ha i capelli neri e corti.
Ha gli occhi verdi.

2)

Ha i capelli biondi e lunghi.
Ha gli occhi azzurri.

3)

Ha i capelli rossi e
abbastanza lunghi.
Ha gli occhi castani.

4)

Ha i capelli castani e corti.
Ha gli occhi grigi.

**Notice how in the previous pages the sentences started with Ho.
Ho means I have. Ha is used for talking about someone else.**

Chi è? (Who is it?)

First of all read each hair colour in the left hand column, then colour the people in each row that colour. For example, biondi means blond so colour the 3 people in the first row in yellow. The black hair colour row has been done for you.

✳	corti	abbastanza lunghi	lunghi
biondi	1	2	3
neri	4	5	6
castani	7	8	9
rossi	10	11	12

Now play a guessing game in Italian with someone in your family or a friend. Each **player chooses in secret a person for the other to guess by asking what his/her hair is like. To ask "Is his/her hair + a describing word say Ha i capelli ....?**

Ha i capelli biondi? = Is his/her hair blond?   Ha i capelli neri?= Is his/her hair black?
Ha i capelli castani? = Is his/her hair brown?   Ha i capelli rossi? = Is his/her hair red?
Ha i capelli lunghi? = Is his/her hair long?   Ha i capelli corti? = Is his/her hair short?
Ha i capelli abbastanza lunghi = Is his/her hair quite long?

To say yes say sì.   To say no say no as it's the same word in Italian. 13

Le descrizioni (Descriptions)

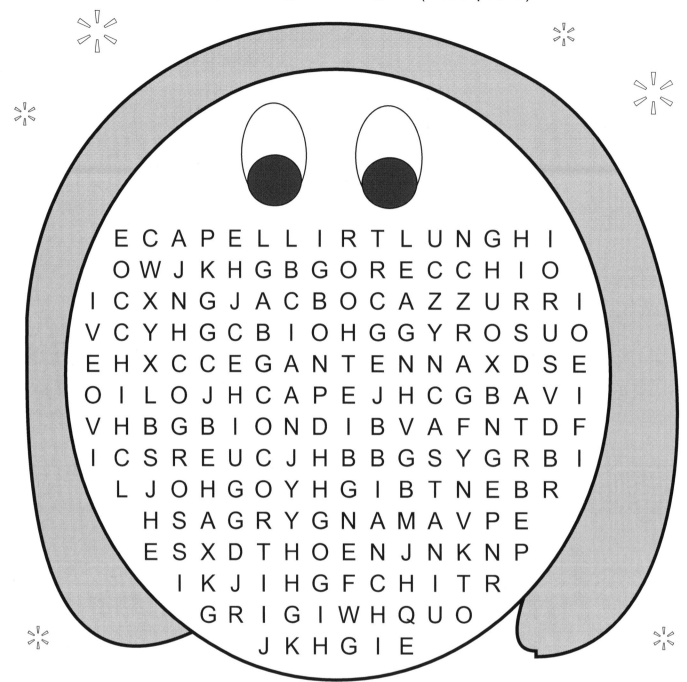

```
E C A P E L L I R T L U N G H I
O W J K H G B G O R E C C H I O
I C X N G J A C B O C A Z Z U R R I
V C Y H G C B I O H G G Y R O S U O
E H X C C E G A N T E N N A X D S E
O I L O J H C A P E J H C G B A V I
V H B G B I O N D I B V A F N T D F
I C S R E U C J H B B G S Y G R B I
L J O H G O Y H G I B T N E B R
H S A G R Y G N A M A V P E
E S X D T H O E N J N K N P
I K J I H G F C H I T R
G R I G I W H Q U O
J K H G I E
```

Trova queste parole: (Find these words:)

NASO	CORTI	NERI	HO
OCCHI	LUNGHI	ROSSI	HA
BOCCA	BIONDI	GRIGI	ANTENNA
CAPELLI	CASTANI	AZZURRI	
ORECCHIO	BIANCHI	VERDI	

I numeri 21 - 40

21 ventuno

22 ventidue

23 ventitré

24 ventiquattro

25 venticinque

26 ventisei

27 ventisette

28 ventotto

29 ventinove

30 trenta

31 trentuno

32 trentadue

33 trentatré

34 trentaquattro

35 trentacinque

36 trentasei

37 trentasette

38 trentotto

39 trentanove

40 quaranta

I numeri 20 - 30

Scrivi i numeri in italiano: (Write the numbers in Italian)

a)
ventuno

_____

b)

_____

c)

_____

d)

_____

e)

_____

f)

_____

g)

_____

h)

_____

i)

_____

20 = venti	21 = ventuno	22 = ventidue	23 = ventitré
24 = ventiquattro	25 = venticinque	26 = ventisei	27 = ventisette
28 = ventotto	29 = ventinove	30 = trenta	

29

a) ventinove   _____

b) ventidue   _____

c) ventotto   _____

d) trenta   _____

e) venticinque   _____

f) ventitré   _____

g) ventuno   _____

h) ventiquattro   _____

i) ventisette   _____

j) venti   _____

k) ventisei   _____

20 = venti	21 = ventuno	22 = ventidue	23 = ventitré
24 = ventiquattro	25 = venticinque	26 = ventisei	27 = ventisette
28 = ventotto	29 = ventinove	30 = trenta	

I numeri 31 - 40

Abbina la parola italiana con il numero:
(Match the Italian word with the number)

33	trentuno
38	trentadue
35	trentatré
36	trentaquattro
32	trentacinque
40	trentasei
34	trentasette
39	trentotto
31	trentanove
37	quaranta

Come si dicono i numeri in italiano?

(How do you say the numbers in Italian?)

trentadue

a) 32 _____

b) 39 _____

c) 33 _____

d) 34 _____

e) 31 _____

f) 37 _____

g) 40 _____

h) 35 _____

i) 38 _____

j) 36 _____

31 = trentuno	32 = trentadue	33 = trentatré	34 = trentaquattro
35 = trentacinque	36 = trentasei	37 = trentasette	38 = trentotto
39 = trentanove	40 = quaranta		

Mi piace la matematica!

(I like maths)

Scrivi i numeri che mancano in italiano:
(Write the missing numbers in Italian:)

1a) venti **+** *venti* _____ **=** quaranta

  b) trentatré **+** _____ **=** trentacinque

  c) ventinove **+** _____ **=** trenta

2a) quaranta **–** due **=** _____

  b) trenta **–** cinque **=** _____

  c) ventotto **–** quattro **=** _____

3a) quattro **x** _____ **=** ventiquattro

  b) otto **x** _____ **=** quaranta

  c) nove **x** _____ **=** trentasei

4a) quaranta **÷** dieci **=** _____

  b) trenta **÷** sei **=** _____

  c) ventotto **÷** sette **=** _____

20

1 = uno	
2 = due	
3 = tre	
4 = quattro	
5 = cinque	
6 = sei	
7 = sette	
8 = otto	
9 = nove	
10 = dieci	
11 = undici	
12 = dodici	
13 = tredici	
14 = quattordici	
15 = quindici	
16 = sedici	
17 = diciassette	
18 = diciotto	
19 = diciannove	
20 = venti	
21 = ventuno	
22 = ventidue	
23 = ventitré	
24 = venitquattro	
25 = venticinque	
26 = ventisei	
27 = ventisette	
28 = ventotto	
29 = ventinove	
30 = trenta	
31 = trentuno	
32 = trentadue	
33 = trentatré	
34 = trentaquattro	
35 = trentacinque	
36 = trentasei	
37 = trentasette	
38 = trentotto	
39 = trentanove	
40 = quaranta	

I numeri

```
            V E N T I T R É
            L V R R H V K B
            V E N T Z E Q R
            J N K R G N K V
            U T I E L T N E
            X U E N W I Z N
            Q N E T B S X T
            W O R U N E Z I
V I N H U J T R E N N K T J N H G B E V X T
E V E N T O T T O I O K T L O H J M K L O R
N H X T T V E N T H G F E V V E N T Y G V E
T T R E N T A Q U A T T R O E A S H L K J N
I W H K L J N B U Y V E N T I C I N Q U E T
D E T R E N T A C I N Q U E T H K I L K B A
U R E B V E B E B T E B T R E N T A T R É K
E K I H G V T V U R V E N T I Q U A T T R O
            E Q E J K L I N
            N E N L O P H N
            T E T R T X E R
            I D A Q B S D C
            S G D D E J K L
            E K U T F W D E
            I K E H G Y G F
            T R E N T U N O
```

Trova queste parole:
(Find these words:)

VENTUNO	VENTISEI	TRENTUNO
VENTIDUE	VENTISETTE	TRENTADUE
VENTITRÉ	VENTOTTO	TRENTATRÉ
VENTIQUATTRO	VENTINOVE	TRENTAQUATTRO
VENTICINQUE	TRENTA	TRENTACINQUE

un libro

un portamatite

Le mie cose

una penna

una riga

un temperamatite

una matita

una gomma

Le mie cose (My things)

Copia i disegni e le parole in italiano:
(Copy the pictures and the words in Italian:)

una penna
una penna

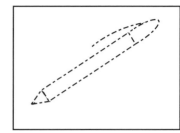

_____

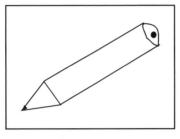
una matita

_____

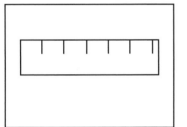
una riga

_____

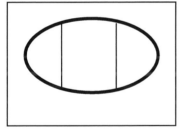
una gomma

_____

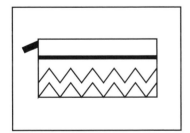
un portamatite

_____

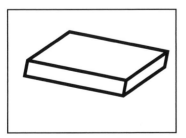
un libro

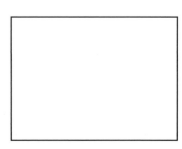

_____

23

Dì che colori sono (Say what colour they are)

Scrivi le lettere che mancano e colora le cose usando
i colori corretti: (Write the missing letters and colour the things using the
correct colours:)

verde = green	blu = blue	porpora = purple	rosa = pink
arancione = orange		marrone = brown	

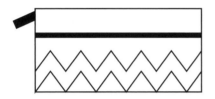

un portamatite r _ s _

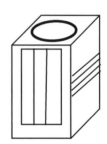

un temperamatite b _ _

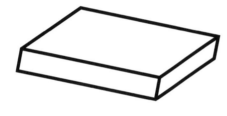

un libro p _ r p _ _ _

una penna _ a r r _ _ _

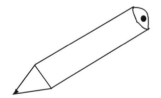

una matita _ e r _ _

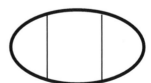

una gomma a r _ _ c i _ _ _

Notice how in Italian the colours go AFTER the noun. A noun is a person, place
or object. In Italian nouns can be either masculine (boy words) or feminine
(girl words).
The colours verde, blu, porpora, rosa, arancione and marrone keep the same
spelling when there is one masculine noun or one feminine noun.

24

Come si scrive i colori? (How are the colours spelt?)

In Italian there are 5 colours which end in an **O**:
giallo (yellow)   rosso (red)   bianco (white)   grigio (grey)   nero (black)

Colours ending in o stay with an **o** ending after singular masculine nouns. Examples of masculine nouns are:
un libro   un portamatite

(Notice both examples start with **un**)

Colours ending in o change the o to a after singular feminine nouns: Examples of feminine nouns are:
una matita   una penna
una gomma   una riga

(Here the examples start with **una**)

Circle the correct answer:

1) una matita   rosso   rossa

2) una penna   nero   nera

3) un libro   bianco   bianca

4) una gomma   grigio   grigia

5) un portamatite giallo   gialla

6) una riga   bianco   bianca

Hai una penna? (Do you have a pen?)

Ho = I have   Non ho = I don't have

1) Scrivi in italiano che HAI queste cose:
(Write in Italian that YOU HAVE these things:)

a) 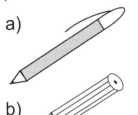   *Ho una penna.*

_____.

b)

_____.

c)

_____.

d)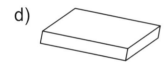

_____.

2) Scrivi in italiano che NON HAI queste cose:
(Write in Italian that YOU DON'T HAVE these things:)

Non ho un portamatite.

a)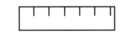

_____.

b)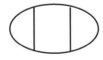

_____.

c)

_____.

---

una matita = a pencil	una gomma = a rubber	un libro = a book
una riga = a ruler	un portamatite = a pencil case	
una penna = a pen	un temperamatite = a sharpener	

26

Quanti ce ne sono? (How many are there?)

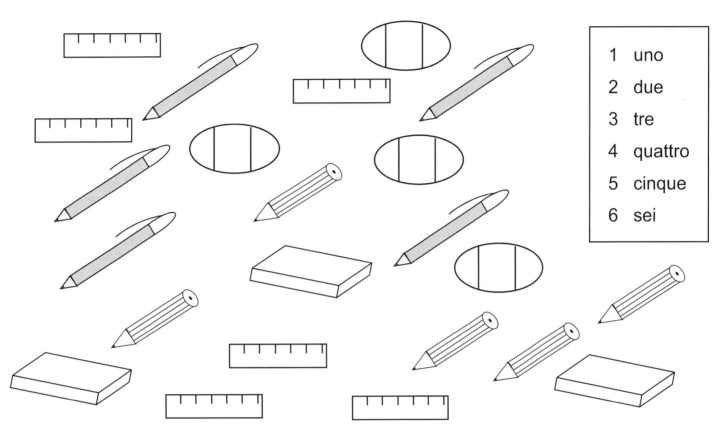

1	uno
2	due
3	tre
4	quattro
5	cinque
6	sei

1) Quanti ce ne sono? (How many are there?)

a) _____*sei*_____ 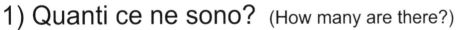 righe

b) _____ matite

c) _____ gomme

d) _____ penne

e) _____ libri

> Notice how when there is more than one (plurals):
> o endings change to i
> a endings change to e
>
> (Riga also adds a h in the plural as it changes to righe)

2) Come si dice in italiano? (How do you say in Italian?)

a) three pencils _____*tre matite*_____

b) two rubbers _____

c) six pens _____

27

Le mie cose (My things)

Trova queste parole: (Find these words:)

 LIBRO

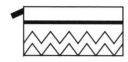 PORTAMATITE

 MATITA

 PENNA

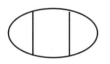 GOMMA

 RIGA

 TEMPERAMATITE

BIANCO   NERO   BLU   ROSSO

M	T	E	M	P	E	R	A	M	A	T	I	T	E	R	R	U	I	R
E	R	T	X	D	E	O	K	J	Y	U	G	M	N	G	Y	G	O	O
R	M	A	T	E	R	P	E	N	Z	A	O	A	P	K	J	R	M	S
I	G	O	M	B	N	E	R	U	N	M	K	T	J	H	E	G	B	S
G	E	Y	I	E	A	W	J	N	K	B	L	I	G	N	H	M	I	O
A	E	L	Q	M	X	D	E	F	A	L	Z	T	I	O	P	L	A	G
L	T	K	M	L	I	P	T	H	F	U	D	A	B	N	S	X	N	Z
A	E	O	L	J	U	H	G	T	F	R	E	D	S	S	A	V	C	I
Q	G	W	I	U	Y	P	O	R	T	A	M	A	T	I	T	E	O	K

l'inglese

l'italiano

la storia

2 x 5 =

la matematica

la religione

la musica

Le materie

l'arte

la scienza

l'informatica

lo sport

la geografia

Che materia è? (What subject is it?)

Scrivi in italiano le parole corrette sotto i disegni:
(Write the correct Italian word under each picture:)

1) *l'italiano* _____

2) _____

3) _____

4) _____

5) _____

6) _____

7) 2 x 5 = _____

l'inglese = English   l'italiano = Italian   la musica = music   lo sport = sport

la storia = history   la scienza = science   la matematica = maths

30

Cosa piace ad Elena? (What does Elena like?)

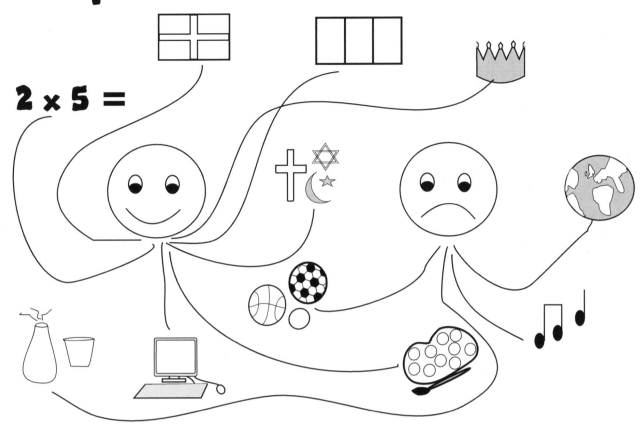

2 × 5 =

Cosa piace ad Elena? Guarda i disegni, e completa le frasi per Elena usando la frase correcta in italiano:
(What does Elena like? Look at the pictures and complete the sentences for Elena using the correct Italian phrase:)

Mi piace = I like   Non mi piace = I don't like

Mi piace

1) _____ l'italiano.

2) _____ la matematica.

3) _____ la geografia.

4) _____ l'informatica.

5) _____ la religione.

6) _____ la scienza

7) _____ la storia.

8) _____ la musica.

9) _____ l'inglese.

10) _____ lo sport.

11) _____ l'arte.

Cosa ti piace? (What do you like?)

Se ti piace una materia, scrivila sotto la frase "Mi piace":
(If you like a subject, write it under the phrase "Mi piace":)

Se non ti piace una materia scrivala sotto "Non mi piace":
(If you don't like a subject, write it under "Non mi piace":)

lo sport

l'inglese   la religione   l'italiano

la storia

l'arte   la matematica   la musica

l'informatica   la scienza   la geografia

Mi piace (I like)

_____

_____

_____

_____

_____

_____

_____

_____

Non mi piace (I don't like)

_____

_____

_____

_____

_____

_____

_____

Una lettera da Marco (A letter from Marco)

Leggi la lettera da Marco.
(Read the letter from Marco.)

| a scuola = at school |
| è facile = It's easy |
| è interessante = it's interesting |
| è difficile = It's hard |
| ma = but   e = and |

Rispondi alle domande:
(Answer the questions)

Ciao!

A scuola mi piace l'arte ma è difficile!

Lo sport è interessante e facile. Mi piace lo sport!

Mi piace la geografia. La geografia è facile.

Non mi piace la scienza. La scienza è difficile.

Mi piace l'italiano. L'italiano è interessante.

Ciao!
            Marco

Marco likes geography. It's easy.

1) What does Marco think of geography? _____

2) What does Marco think of Italian?   _____

3) Which subject does Marco like but he finds hard?   _____

4) Which subject does Marco not like?   _____

5) Which two subjects does Marco find interesting? _____

6) Which two subjects does Marco find easy? _____

7) Which two subjects does Marco find hard? _____

Le materie (School subjects)

Trova tutte le parole: (find all the words:)

ITALIANO   INGLESE   GEOGRAFIA   STORIA   RELIGIONE   ARTE

K	A	R	I	E	R	E	B	C	D	E	F	G	O	E	K
N	J	K	L	U	G	F	E	T	F	V	B	N	Y	J	G
M	D	F	H	K	R	S	L	Y	T	F	A	G	F	D	E
U	H	J	H	G	E	F	V	B	C	I	Z	X	E	D	O
S	W	Q	G	L	H	J	H	G	L	F	V	T	C	X	G
I	K	J	G	K	T	R	N	A	J	F	R	D	W	I	R
C	E	N	I	S	U	N	T	H	Y	A	G	F	B	F	A
A	I	S	Q	P	C	I	E	G	S	E	G	S	X	A	F
E	S	W	K	O	R	E	S	E	N	H	G	T	F	R	I
W	E	S	C	R	E	R	E	L	I	G	I	O	N	E	A
R	E	T	C	T	C	N	S	C	O	I	N	F	E	W	T
M	A	O	I	N	G	E	X	B	S	C	I	E	N	Z	A
E	X	R	D	E	H	J	K	L	O	P	U	G	H	T	R
Z	S	I	W	Q	I	N	F	O	R	M	A	T	I	C	A
T	Y	A	O	E	C	V	B	H	J	E	S	Q	A	X	F
E	M	A	T	E	M	A	T	I	C	A	J	K	L	U	Y

  2 x 5 =

SCIENZA   INFORMATICA   SPORT   MATEMATICA   MUSICA

34

La casa

il bagno

la camera da letto

il balcone

la cucina

la sala da pranzo

il soggiorno

il garage

il giardino

il cane

il gatto

La casa (The house)

Scrivi in italiano le parole corrette sotto i disegni:
(Write the correct Italian word under the pictures:)

1)

la casa ✎

la casa	la camera da letto	il bagno
la cucina	la sala da pranzo	il soggiorno
il giardino		

2)
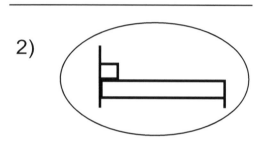

3)

4)
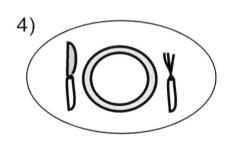

5)
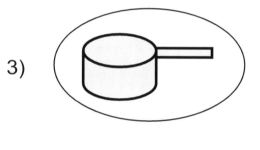

6)
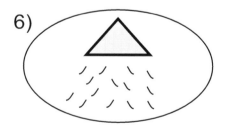

7)
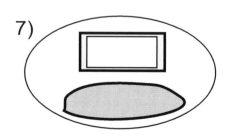

Una descrizione di una casa

(A description of a house)

Languages are a bit like a jigsaw puzzle because to make your own sentences you have to put the various parts of the sentence together:

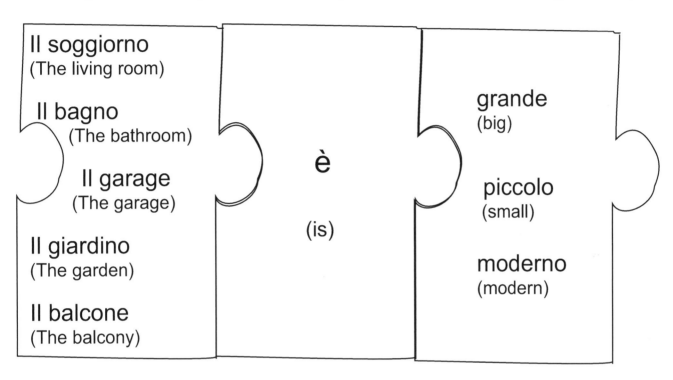

Come si dice in Italiano…? (How do you say in Italian…?)

Il soggiorno è grande.

1) The living room is big _____ .

2) The bathroom is modern _____ .

3) The garage is small _____ .

4) The garden is big _____ .

5) The balcony is small _____ .

Com'è la casa? (What is the house like?)

Some of the rooms in a house start with **la**. These are **feminine nouns,** and because of this, the final o in piccolo or moderno changes to an a:

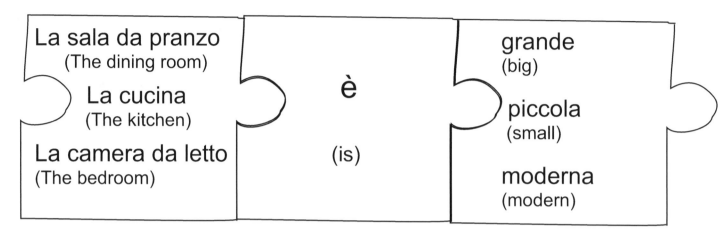

La sala da pranzo (The dining room)	è	grande (big)
La cucina (The kitchen)		piccola (small)
La camera da letto (The bedroom)	(is)	moderna (modern)

1) Come si dice in italiano...? (How do you say in Italian...?)

La sala da pranzo è piccola.

a) The dining room is small _____ .

b) The kitchen is modern _____ .

c) The bedroom is big _____ .

e = and
blu = blue
rosa = pink
verde = green

2) Come si dice in inglese....? (How do you in English?)

The house is big and modern.

a) La casa è grande e moderna. _____ .

b) La camera da letto è moderna e rosa. _____ .

c) La sala da pranzo è blu e verde. _____ .

— Language detective time! —

One of the things I love about learning a foreign language is looking for patterns that occur. In English we can use the word **the** before most objects. However in Italian there are a few ways of saying **the**. For the words we are using for this topic, **il** is used for the masculine words, and **la** is used for the feminine words. Sometimes it's useful to be able to say things like **a** house, rather than **the** house. And it's easy to do so. Simply swop **un** for il, and **una** for la. **Un** and **una** both mean **a** in Italian.

Write each of the words below in the correct box:

(la) casa   (la) camera da letto   (il) bagno

(il) garage   (la) sala da pranzo   (il) soggiorno

(il) giardino   (la) cucina   (il) balcone

un

garage ✏

un _____

un _____

un _____

un _____

un _____

una

casa ✏

una _____

una _____

una _____

una _____

La casa (The house)

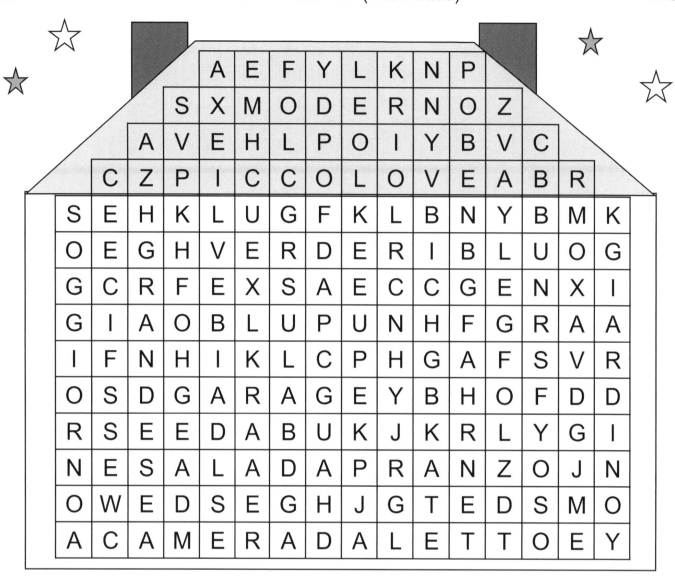

A	E	F	Y	L	K	N	P			
S	X	M	O	D	E	R	N	O	Z	
A	V	E	H	L	P	O	I	Y	B	V	C
C	Z	P	I	C	C	O	L	O	V	E	A	B	R
S	E	H	K	L	U	G	F	K	L	B	N	Y	B	M	K
O	E	G	H	V	E	R	D	E	R	I	B	L	U	O	G
G	C	R	F	E	X	S	A	E	C	C	G	E	N	X	I
G	I	A	O	B	L	U	P	U	N	H	F	G	R	A	A
I	F	N	H	I	K	L	C	P	H	G	A	F	S	V	R
O	S	D	G	A	R	A	G	E	Y	B	H	O	F	D	D
R	S	E	E	D	A	B	U	K	J	K	R	L	Y	G	I
N	E	S	A	L	A	D	A	P	R	A	N	Z	O	J	N
O	W	E	D	S	E	G	H	J	G	T	E	D	S	M	O
A	C	A	M	E	R	A	D	A	L	E	T	T	O	E	Y

Trova queste parole: (Find these words:)

la CASA

la CUCINA

la SALA DA PRANZO

BLU

il SOGGIORNO

il BAGNO

la CAMERA DA LETTO

ROSA

il GARAGE

il GIARDINO

GRANDE

PICCOLO

VERDE

MODERNO

There are several ways of writing our word **the** in Italian: il, lo, la, l', i, gli, le.
These words do not appear in the word searches.

Italian word game: 3 in a row

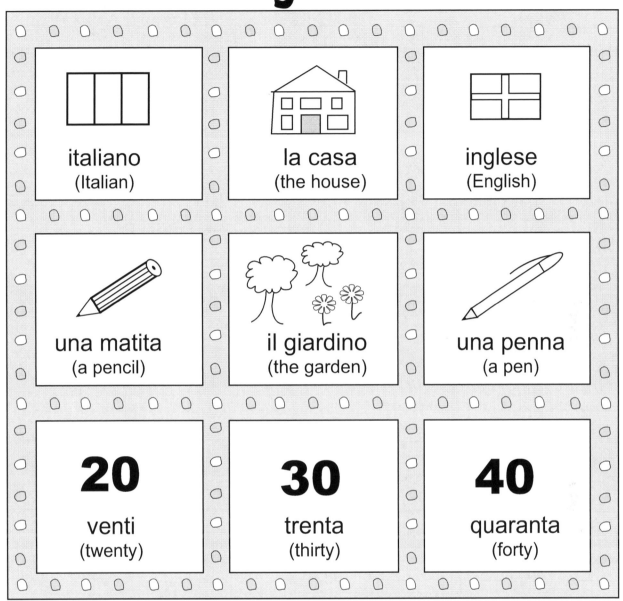

italiano (Italian)	la casa (the house)	inglese (English)
una matita (a pencil)	il giardino (the garden)	una penna (a pen)
20 venti (twenty)	**30** trenta (thirty)	**40** quaranta (forty)

Number of players: 2   Each player will need 5 counters
(The counters can be cubes, rubbers or home made on pieces of paper)

Take turns to place one of your counters on the board as you say one of the Italian words. To win, you need to get three counters in a row either vertically, horizontally or diagonally.

 Games are a fun way to learn a foreign language! If you like games you could try the book: Italian Word Games - Cool Kids Speak Italian

Italian		English		Italian		English	
	a scuola		at school		così così		so so
	abbastanza		quite	la	cucina	the	kitchen
	agosto		August		dicembre		December
un	alieno	an	alien		diciannove		nineteen
	anni		years		diciassette		seventeen
un	anno	a	year		diciotto		eighteen
l'	antenna	the	antenna		dieci		ten
	aprile		April		difficile		hard
	arancione		orange		dodici		twelve
	arrivederci		good bye		due		two
l'	arte		art		e		and
il	bagno	the	bathroom		facile		easy
il	balcone	the	balcony		febbraio		February
	bene		good	il	garage	the	garage
	bianco		white	il	gatto	the	cat
	blu		blue		gennaio		January
la	bocca	the	mouth	la	geografia		geography
	buon giorno		good day		giallo		yellow
	buon pomeriggio		good afternoon	il	giardino	the	garden
	buona sera		good evening		giugno		June
la	camera da letto	the	bedroom	una	gomma	a	rubber
il	cane	the	dog		grande		big
i	capelli	the	hair		grazie		thank you
i	capelli bianchi		white hair		grigio		grey
i	capelli biondi		blonde hair		ha		he or she has
i	capelli castani		brown hair		ho		I have
i	capelli corti		short hair	l'	informatica		I.T. (computers)
i	capelli grigi		grey hair	l'	inglese		English
i	capelli lunghi		long hair		interessante		interesting
i	capelli neri		black hair	l'	italiano		Italian
i	capelli rossi		red/auburn hair	un	libro	a	book
la	casa	the	house		luglio		July
	ciao		hi or bye		ma		but

42

Italian		English		Italian		English	
la	matematica		maths		sedici		sixteen
una	matita	a	pencil		sei		six
il	mese	the	month		sette		seven
	Mi chiamo		My name is		settembre		September
	mi piace		I like		sì		yes
	moderno		modern	il	soggiorno	the	living room
la	musica		music	lo	sport		sport
il	naso	the	nose	la	storia		history
	nero		black	un	temperamatite	a	pencil sharpener
	no		no		tre		three
	non ho		I don't have		tredici		thirteen
	non mi piace		I don't like		trenta		thirty
	nove		nine		trentacinque		thirty five
	novembre		November		trentadue		thirty two
gli	occhi	the	eyes		trentanove		thirty nine
gli	occhi azzurri		blue eyes		trentaquattro		thirty four
gli	occhi castani		brown eyes		trentasei		thirty six
gli	occhi grigi		grey eyes		trentasette		thirty seven
gli	occhi verdi		green eyes		trentatré		thirty three
l'	orecchio	the	ear		trentotto		thirty eight
	otto		eight		trentuno		thirty one
	ottobre		October		undici		eleven
una	penna	a	pen		uno		one
	per favore		please		venti		twenty
	piccolo		small		venticinque		twenty five
	porpora		purple		ventidue		twenty two
un	portamatite	a	pencil case		ventinove		twenty nine
	quaranta		forty		ventiquattro		twenty four
	quattordici		fourteen		ventisei		twenty six
	quattro		four		ventisette		twenty seven
	quindici		fifteen		ventitré		twenty three
la	religione		religion		ventotto		twenty eight

Answers

Page 2

a) maggio   b) dicembre   c) agosto   d) febbraio   e) novembre
f) ottobre   g) settembre

Page 3

a) Ho nove anni.   b) Ho dodici anni.   c) Ho tre anni.   d) Ho sette anni.
e) Ho cinque anni.   f) Ho sei anni.

Page 4

1) Anna   2) Antonio   3) Marco   4) Elena

Page 5

1) Elena
2) Marco
3) Maria
4) When is your birthday?
5) Maria

Page 6

```
G E N N A I O           O
  S E T T E M B R E T   T
    M               T
G   A         O   A O     N
I   G       I   O P B     O
U   G     L   Z   R R     V
G   I   G R       I E     E
N   O U   A       L       M
O   L M           E       B
  F E B B R A I O         R
          A G O S T O     E
      D I C E M B R E
```

Page 8

1) l'antenna   2) i capelli   3) gli occhi   4) il naso   5) la bocca

Page 9

The pictures should be coloured as follows:

Ho i capelli biondi = I have blonde hair, so the hair should be coloured in yellow.

Ho i capelli castani = I have brown hair, so the hair should be coloured in brown.

Ho i capelli neri = I have black hair, so the hair should be coloured in black.

Ho i capelli bianchi = I have white hair, so the hair should be coloured in white.

Ho i capelli grigi = I have grey hair, so the hair should be coloured in grey.

Ho i capelli rossi = I have ginger hair, so the hair should be coloured in orange or red.

Page 10

1) Ho i capelli abbastanza lunghi.   2) Ho i capelli corti.   3) Ho i capelli lunghi.
4) Ho i capelli corti.   5) Ho i capelli abbastanza lunghi.

Page 11

Ho gli occhi azzurri = I have blue eyes   Ho gli occhi castani = I have brown eyes
Ho gli occhi verdi = I have green eyes   Ho gli occhi grigi = I have grey eyes

Page 12

The pictures of the four people should be completed as follows:

1) Ha i capelli neri e corti = He/she has short black hair.
   Ha gli occhi verdi = He/she has green eyes.

2) Ha i capelli biondi e lunghi = He/she has long blonde hair.
   Ha gli occhi azzurri = He/she has blue eyes.

3) Ha i capelli rossi e abbastanza lunghi = He/she has quite long red hair.
   Ha gli occhi castani = He/she has brwon eyes.

4) Ha i capelli castani e corti = He/she has short brown hair.
   Ha gli occhi grigi = He/she has grey eyes.

Page 13   ## Page 14

biondi = blonde
neri = black
castani = brown
rossi = red

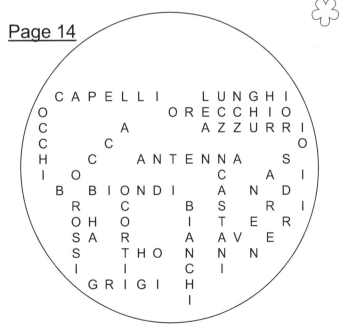

Page 16

a) ventuno   b) ventiquattro   c) ventinove   d) ventisette   e) ventisei
f) ventitré   g) venticinque   h) trenta   i) ventotto

Page 17

a) 29   b) 22   c) 28   d) 30   e) 25   f) 23   g) 21   h) 24   i) 27   j) 20   k) 26

Page 18

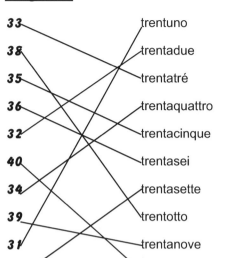

33 — trentuno
38 — trentadue
35 — trentatré
36 — trentaquattro
32 — trentacinque
40 — trentasei
34 — trentasette
39 — trentotto
31 — trentanove
37 — quaranta

Page 19

a) trentadue   b) trentanove   c) trentatré
d) trentaquattro   e) trentuno   f) trentasette
g) quaranta   h) trentacinque   i) trentotto
j) trentasei

Page 20

1a) venti   b) due   c) uno
2a) trentotto   b) venticinque   c) ventiquattro
3a) sei   b) cinque   c) quattro
4a) quattro   b) cinque   c) quattro

Page 21

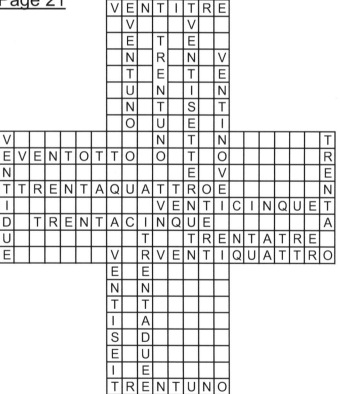

Page 24

un portamatite rosa
un temperamatite blu
un libro porpora
una penna marrone
una matita verde
una gomma arancione

Page 25

1) una matita rossa
2) una penna nera
3) un libro bianco
4) una gomma grigia
5) un portamatite giallo
6) una riga bianca

Page 26

1a) Ho una penna.   b) Ho una matita.   c) Ho un temperamatite.   d) Ho un libro.

2a) Non ho un portamatite.   b) Non ho una riga.   c) Non ho una gomma.

Page 27

1a) sei righe
 b) cinque matite
 c) quattro gomme
 d) cinque penne
 e) tre libri

2a) tre matite
 b) due gomme
 c) sei penne

Page 28

	T	E	M	P	E	R	A	M	A	T	I	T	E				R
						O				M					O	O	
R				R				A		A			R		S	
I			B				N		T		E		B	S	
G		I		A		N		B		I		N		I	O	
A		L		M			E		L		T			A	
		M			P				U		A			N	
	O												C	
G				P	O	R	T	A	M	A	T	I	T	E	O

Page 30

1) l'italiano   2) lo sport   3) la scienza   4) la musica   5) l'inglese
6) la storia   7) la matematica

Page 31

1) Mi piace   2) Mi piace   3) Non mi piace   4) Mi piace   5) Mi piace
6) Non mi piace   7) Mi piace   8) Non mi piace   9) Mi piace   10) Non mi piace
11) Mi piace

Page 33

1) Marco likes geography.
   Geography is easy.
2) He likes Italian. Italian is interesting.
3) art
4) science
5) sport and Italian
6) sport and geography
7) art and science

Page 34

										O		
					E			N			G
M				S			A			E
U			E			I		E		O
S		L			L		T		G
I		G		A		R		R
C	N	S		T		A		A
A	I		P	I			F
		O					I
	S	R	R	E	L	I	G	I	O	N	E	A
	T	T				
	O			S	C	I	E	N	Z	A
	R				
	I		I	N	F	O	R	M	A	T	I	C	A
	A			
M	A	T	E	M	A	T	I	C	A

Page 36

1) la casa   2) la camera da letto   3) la cucina   4) la sala da pranzo
5) il giardino   6) il bagno   7) il soggiorno

Page 37

1) Il soggiorno è grande.   2) Il bagno è moderno.   3) Il garage è piccolo.
4) Il giardino è grande.   5) Il balcone è piccolo.

Page 38

1a) La sala da pranzo è piccola.   b) La cucina è moderna.
 c) La camera da letto è grande.

2a) The house is big and modern.   b) The bedroom is modern and pink.
 b) The dining room is blue and green.

Page 39

un

un garage
un giardino
un bagno
un soggiorno
un balcone

una

una casa
una camera da letto
una sala da pranzo
una cucina

Page 40

1	2	3	4	5	6	7	8	9	10	11	12	13	14	15	16
			A												
		S	M	O	D	E	R	N	O						
		A													
	C		P	I	C	C	O	L	O			A			
S												N			
O	G		V	E	R	D	E		I					O	G
G	R							C						N	I
G	A		B	L	U		U				G			A	A
I	N				C						A		S		R
O	D	G	A	R	A	G	E		B		O			O	D
R	E								R					R	I
N	S	A	L	A	D	A	P	R	A	N	Z	O			N
O															O
	C	A	M	E	R	A	D	A	L	E	T	T	O		

On Holiday In Italy Cool Kids Speak Italian by Joanne Leyland

Learn Italian before you go away & 15 challenges to use Italian whilst on holiday in Italy

The idea of this great book is to learn some Italian from the first section before you go on holiday to Italy, then to try the various challenges outlined in the second section whilst away. Ideal for children 7 - 11 years old.

Topics include:

greetings	first words
numbers	drinks
Italian food	ice creams
hotels	campsites
around town	

Speaking Italian is fun, and this book helps encourage your child to speak Italian whilst on holiday in Italy.

---

40 Italian Word Searches Cool Kids Speak Italian by Joanne Leyland

Complete with vocabulary lists & answers. Let's make learning Italian fun!

With 40 exciting topics, this book is ideal to help learn or revise useful Italian vocabulary. Throughout the book the word searches appear in fun shapes and pictures accompany the Italian words so that each word search can be a meaningful learning activity. Ideal for children ages 7 - 11. The topics include:

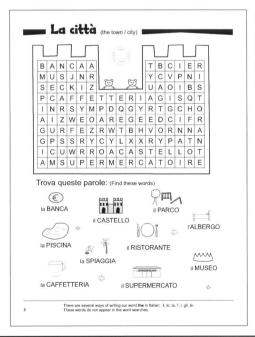

l'albergo (the hotel)	i mesi (the months)
gli animali (the animals)	la musica (the music)
le bevande (the drinks)	i numeri (the numbers)
il campeggio (the campsite)	la Pasqua (Easter)
la casa (the house)	i passatempi (hobbies)
la città (the city / town)	il picnic (the picnic)
la colazione (the breakfast)	la pizza (the pizza)
i colori (the colours)	il portamatite (the pencil case)
il mio compleanno (my birthday)	i regali (the presents)
il corpo (the body)	i ricordi (the souvenirs)
i dolci (the desserts)	il ristorante (the restaurant)
la faccia (the face)	i saluti (greetings)
la famiglia (the family)	la spiaggia (the beach)
la fattoria (the farm)	lo sport (the sport)
la frutta (the fruit)	il tempo (the weather)
i gelati (the ice creams)	il trasporto (the transport)
il giardino (the garden)	i verbi (verbs)
i giocattoli (the toys)	le verdure (the vegetables)
i giorni della settimana(days)	i vestiti (the clothes)
le materie (the school subjects)	lo zoo (the zoo)

Also available by Joanne Leyland:

French
Young Cool Kids Learn French
First Words In French Teacher's Resource Book
Cool Kids Speak French (books 1, 2 & 3)
French Word Games - Cool Kids Speak French
40 French Word Searches Cool Kids Speak French
Photocopiable Games For Teaching French
First 100 Words In French Coloring Book Cool Kids Speak French
French at Christmas time
On Holiday In France Cool Kids Speak French
Cool Kids Do Maths In French
Un Alien Sur La Terre
Le Singe Qui Change De Couleur
Tu As Un Animal?

Italian
Young Cool Kids Learn Italian
Cool Kids Speak Italian (books 1, 2 & 3)
Italian Word Games - Cool Kids Speak Italian
40 Italian Word Searches Cool Kids Speak Italian
Photocopiable Games For Teaching Italian
First 100 Words In Italian Coloring Book Cool Kids Speak Italian
On Holiday In Italy Cool Kids Speak Italian
Un Alieno Sulla Terra
La Scimmia Che Cambia Colore
Hai Un Animale Domestico?

German
Young Cool Kids Learn German
Cool Kids Speak German (books 1, 2 & 3)
German Word Games - Cool Kids Speak German
40 German Word Searches Cool Kids Speak German
First 100 Words In German Coloring Book Cool Kids Speak German

Spanish
Young Cool Kids Learn Spanish
First Words In Spanish Teacher's Resource Book
Cool Kids Speak Spanish (books 1, 2 & 3)
Spanish Word Games - Cool Kids Speak Spanish
40 Spanish Word Searches Cool Kids Speak Spanish
Photocopiable Games For Teaching Spanish
First 100 Words In Spanish Coloring Book Cool Kids Speak Spanish
Spanish at Christmas time
On Holiday In Spain Cool Kids Speak Spanish
Cool Kids Do Maths In Spanish
Un Extraterrestre En La Tierra
El Mono Que Cambia De Color
Seis Mascotas Maravillosas

English as a foreign language
Cool Kids Speak English (books 1 & 2)
First Words In English - 100 Words To Colour & Learn

The word search editions have 40 topics in each book. The word searches are in fun shapes. Pictures accompany the words to find.

The first 100 words colouring book editions have 3 or 4 words per page, and are ideal for those who like to colour as they learn.

The stories in a foreign language have an English translation at the back.

If you like games, you could try the word game editions.

The holiday editions have essential words & phrases in part 1. And in part 2 there are challenges to use these words whilst away.

For more information on the books available, and different ways of learning a foreign language go to https://learnforeignwords.com

Made in the USA
Middletown, DE
18 December 2022

19502334R00031